Impressum
Verlag: BABADADA GmbH, Nedderfeld 112 , 22529 Hamburg
Geschäftsführer / Verlagsleitung: Harald Hof
Druck: Books on Demand GmbH, In de Tarpen 42, 22848 Norderstedt

Imprint
Publisher: BABADADA GmbH, Nedderfeld 112 , 22529 Hamburg, Germany
Managing Director / Publishing direction: Harald Hof
Print: Books on Demand GmbH, In de Tarpen 42, 22848 Norderstedt, Germany

школа

בית ספר

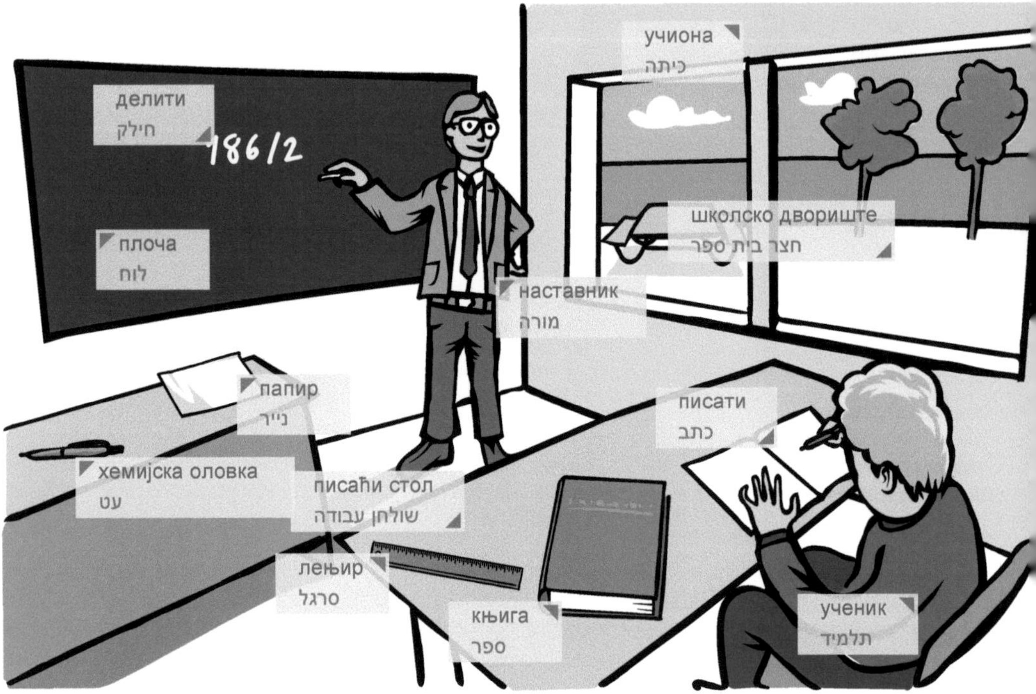
учиона
כיתה
делити
חילק
186/2
плоча
לוח
школско двориште
חצר בית ספר
наставник
מורה
папир
נייר
писати
כתב
хемијска оловка
עט
писаћи сто
שולחן עבודה
лењир
סרגל
књига
ספר
ученик
תלמיד

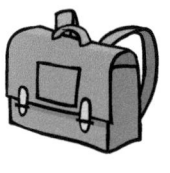

торба

ילקוט

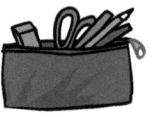

перница

קלמר

графитна оловка

עיפרון

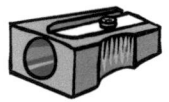

шиљило за оловке

מחדד

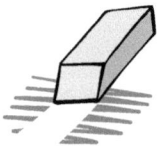

гумица за брисање

גומי מחיקה

блок за цртање

חוברת סרטוט

цртеж

סרטוט

кист

מברשת

кутија са бојама

קופסת צבעים

маказе

מספריים

лепило

דבק

бележница

ספר תרגול

домаћи задатак

שיעור בית

број

מספר

сабирати

חיבר

одузимати

חיסר

множити

הכפיל

рачунати

חישב

слово

אות

абецеда

אלפבית

реч

מילה

текст

טקסט

читати

קרא

креда

גיר

час

שיעור

дневник

יומן נוכחות

испит

מבחן

сведочанство

תעודה

школска униформа

תלבושת בית ספר

образовање

חינוך

лексикон

אנציקלופדיה

универзитет

אוניברסיטה

микроскоп

מיקרוסקופ

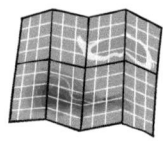

карта

מפה

кошара за папир

סל נייר

хотел
מלון

Grand

преноћиште
הוסטל

ROOMS

мењачница
המרת מטבע

EXCHANGE

кофер
מזוודה

ауто
אוטו

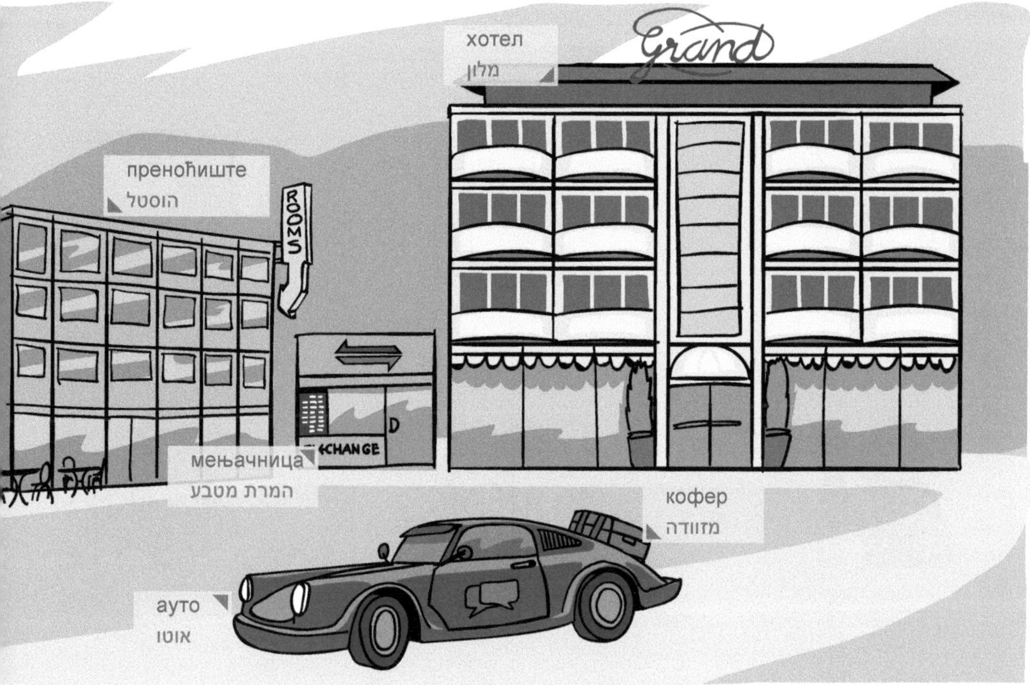

језик
שפה

да / не
כן / לא

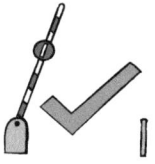

океј
בסדר

здраво
שלום

преводилац
מתרגם

хвала
תודה

Колико кошта...?

כמה עולה.....?

не разумем

אני לא מבין

проблем

בעיה

добро вече!

ערב טוב!

Добро јутро!

בוקר טוב!

Лаку ноћ!

לילה טוב!

довиђења

להתראות

смер

כיוון

пртљага

כבודה

торба

תיק

руксак

תרמיל גב

гост

אורח

соба

חדר

врећа за спавање

שק שינה

шатор

אוהל

ристичке информације

מרכז מידע לתיירים

плажа

חוף ים

кредитна картица

כרטיס אשראי

доручак

ארוחת בוקר

ручак

ארוחת צהריים

вечера

ארוחת ערב

карта за вожњу

כרטיס

лифт

מעלית

поштанска маркица

בול

граница

גבול

царина

מכס

амбасада

שגרירות

виза

אשרה

пасош

דרכון

транспорт

תחבורה

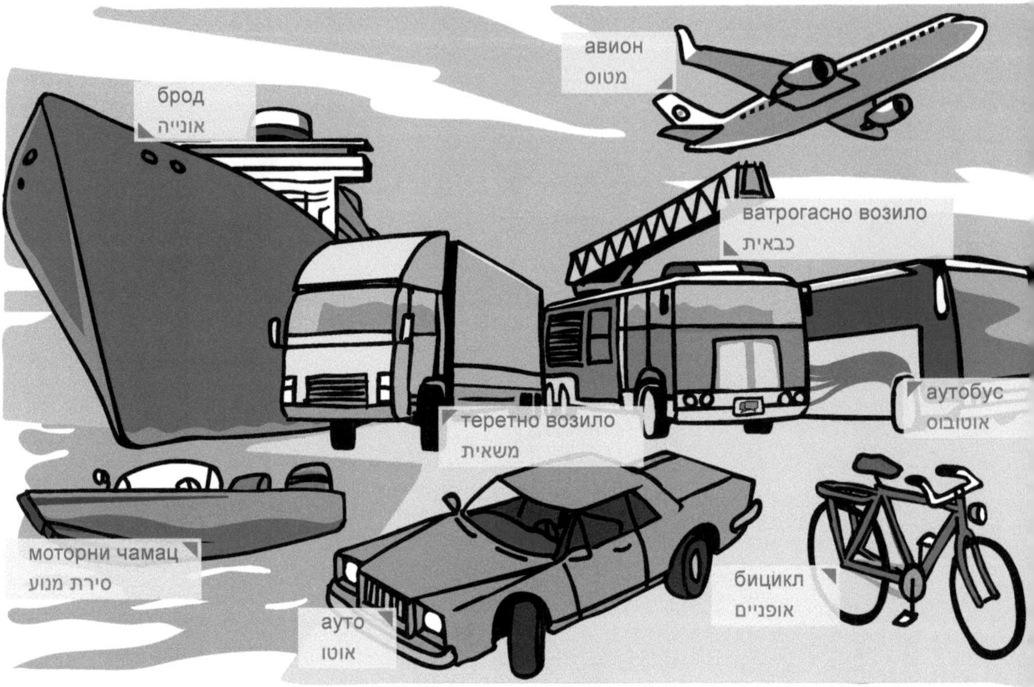

авион
מטוס
брод
אונייה
ватрогасно возило
כבאית
аутобус
אוטובוס
теретно возило
משאית
моторни чамац
סירת מנוע
бицикл
אופניים
ауто
אוטו

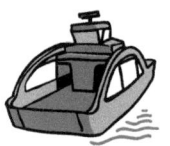

трајект

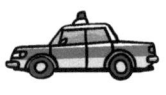

מעבורת

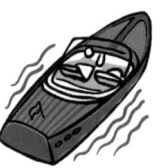

чамац

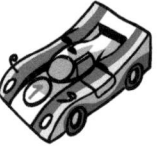

סירה

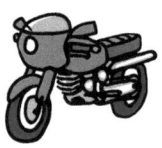

мотоцикл

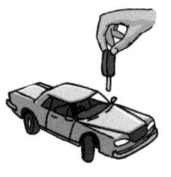

אופנוע

полицијски ауто

ניידת משטרה

тркаћи ауто

מכונית מרוץ

изнајмљено ауто

רכב שכור

дељење аутомобила

מכוניות בשיתוף

вучно возило

אוטו גרר

возило за одвоз смећа

משאית זבל

мотор

מנוע

бензин

דלק

бензинска станица

תחנת דלק

саобраћајни знак

תמרור

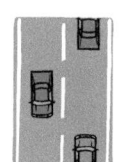

саобраћај

תנועה

застој

פקק תנועה

паркиралиште

חניה

железничка станица

תחנת רכבת

шине

פסי רכבת

воз

רכבת

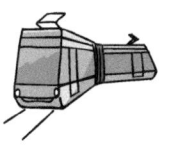

трамвај

רכבת קלה

вагон

קרון

хеликоптер

מסוק

аеродром

שדה-תעופה

кула

מגדל

путник

נוסע

контејнер

קונטיינר

картон

קרטון

колица

עגלה

корпа

סל

узлетети / слетети

המראה / נחיתה

град

עיר

село

כפר

центар града

מרכז העיר

кућа

בית

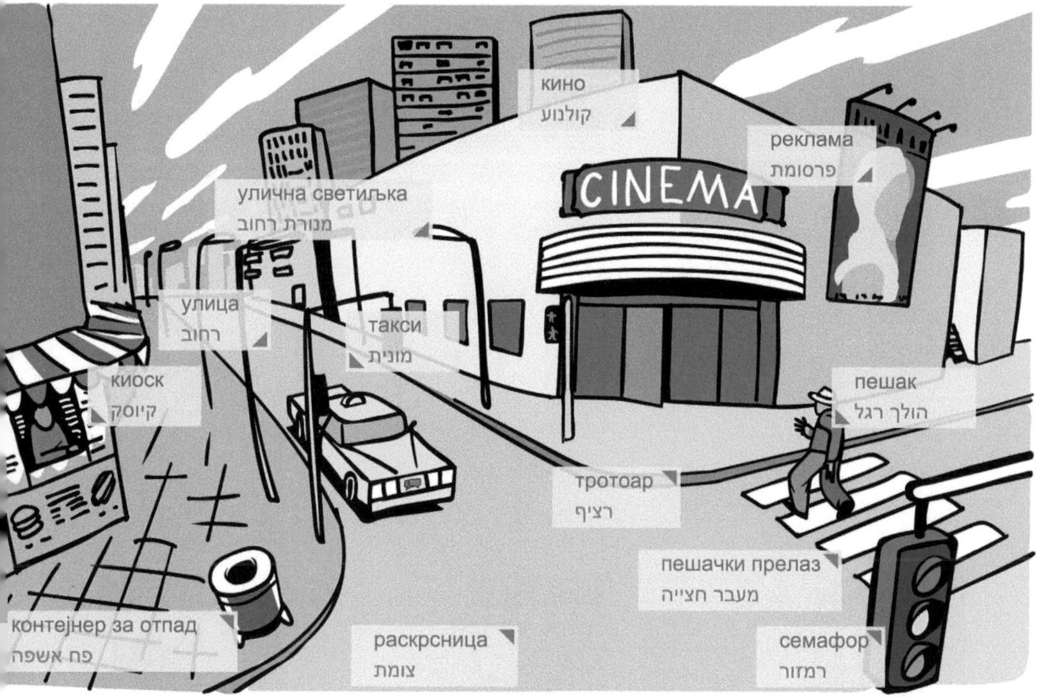

кино
קולנוע
CINEMA
реклама
פרסומת
улична светиљка
מנורת רחוב
улица
רחוב
такси
מונית
киоск
קיוסק
пешак
הולך רגל
тротоар
רציף
пешачки прелаз
מעבר חצייה
контејнер за отпад
פח אשפה
раскрсница
צומת
семафор
רמזור

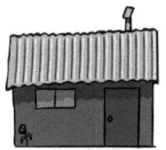

колиба

בקתה

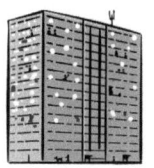

стан

דירה

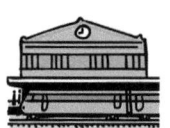

железничка станица

תחנת רכבת

већница

עירייה

MUSEUM

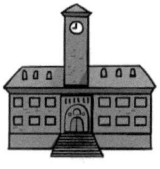

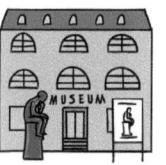

музеј

מוזיאון

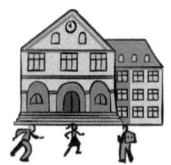

школа

בית ספר

универзитет

אוניברסיטה

банка

בנק

болница

בית חולים

хотел

מלון

апотека

בית מרקחת

канцеларија

משרד

књижара

חנות ספרים

продавница

חנות

цвећара

חנות פרחים

супермаркет

סופרמרקט

трг

שוק

робна кућа

כל-בו

рибарница

מוכר דגים

трговачки центар

קניון

лука

נמל

парк

פארק

клупа

ספסל

мост

גשר

степенице

מדרגות

подземна железница

רכבת תחתית

тунел

מנהרה

аутобуска станица

תחנת אוטובוס

бар

בר

ресторан

מסעדה

поштанско сандуче

תא דואר

улични знак

שלט רחוב

паркирни аутомат

מדחן

зоолошки врт

גן חיות

базен

בריכת שחיה

џамија

מסגד

сеоско газдинство

חווה

загађење околине

זיהום

гробље

בית עלמין

црква

כנסייה

игралиште

מגרש משחקים

храм

בית מקדש

пејсаж

נוף

лист
עלה

путоказ
תמרור

пут
דרך

ливада
מרעה

камен
אבן

дрво
עץ

шетач
מטייל

река
נהר

трава
דשא

цвет
פרח

долина

בקעה

планина

הר

језеро

אגם

шума

יער

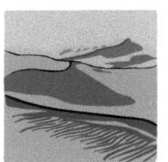

пустиња

מדבר

вулкан

הר געש

дворац

טירה

дуга

קשת בענן

гљива

פטריה

палма

דקל

москито

יתוש

мува

זבוב

мрав

נמלה

пчела

דבורה

паук

עכביש

буба

חיפושית

жаба

צפרדע

веверица

סנאי

јеж

קיפוד

зец

ארנב

сова

ינשוף

птица

ציפור

лабуд

ברבור

дивља свиња

חזיר בר

јелен

צבי

лос

אייל הקורא

насип

סכר

ветрењача

טורבינת רוח

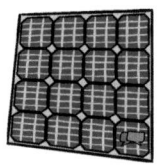

соларна плоча

פנל סולארי

клима

אקלים

ресторан

מסעדה

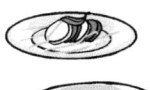

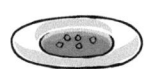

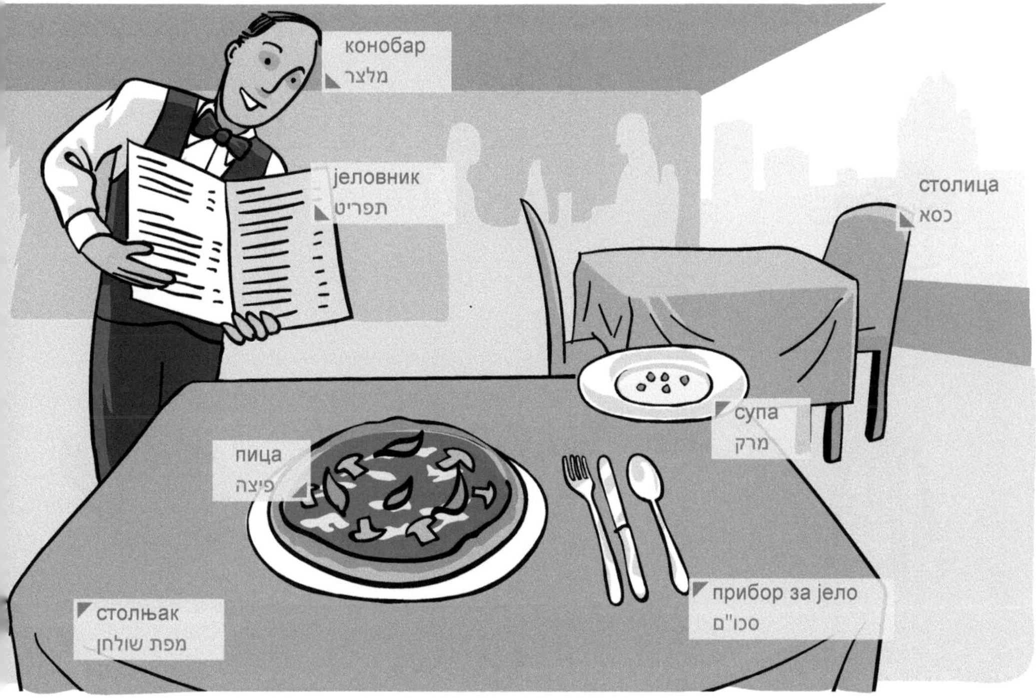

конобар
מלצר
јеловник
תפריט
столица
כסא
супа
מרק
пица
פיצה
прибор за јело
סכו"ם
столњак
מפת שולחן

предјело

מנת פתיחה

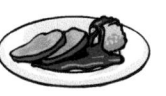

главно јело

מנה עיקרית

десерт

קינוח

напитци

שתיות

јело

אוכל

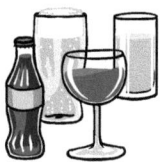

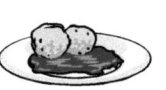

флаша

בקבוק

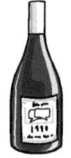

брза храна

מזון מהיר

имбис храна

אוכל רחוב

чајник

קנקן תה

доза за шећер

מסכרת

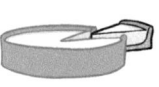

порција

מנה

апарат за еспресо

מכונת אספרסו

висока столица

כסא תינוק

рачун

חשבון

послужавник

מגש

нож

סכין

виљушка

מזלג

кашика

כף

чајна кашика

כפית

салвета

מפית

чаша

כוס

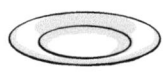

тањир

צלחת

тањир за супу

קערת מרק

тањирић

תחתית

сос

רוטב

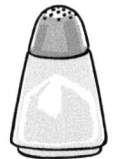

сољенка

מלחייה

млин за бибер

מטחנת פלפל

сирће

חומץ

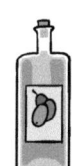

уље

שמן

зачини

תבלינים

кечап

קטשופ

сенф

חרדל

мајонеза

מיונז

супермаркет

סופרמרקט

понуда
מבצע
FOR
купац
לקוח
млечни производи
מוצרי חלב
воће
פירות
колица за куповину
עגלת קניות

BUTCHERS

месница

אטליז

BAKERY

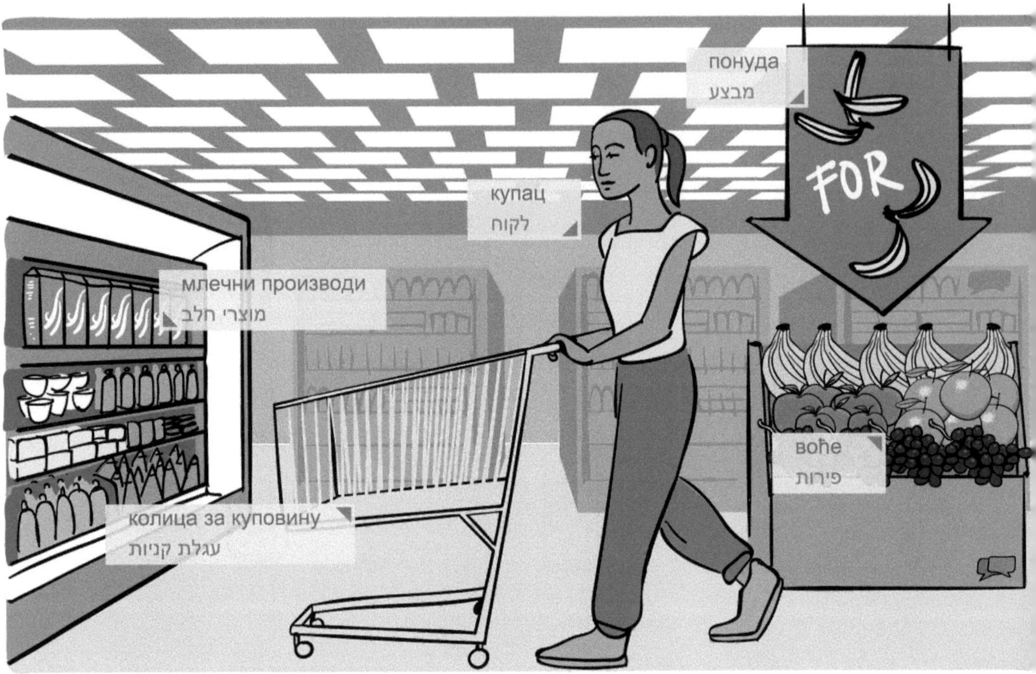

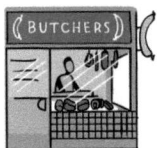

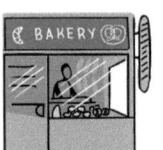

пекара

מאפייה

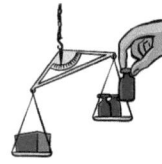

вагати

שקל

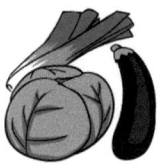

поврће

ירקות

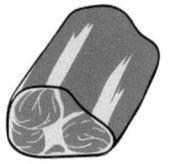

месо

בשר

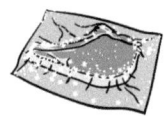

смрзнута храна

מזון קפוא

нарезак

בשר קר

конзерве

שימורים

средство за прање

אבקת כביסה

слаткиши

ממתקים

артикли за домаћинство

מוצרי בית

средства за чишћење

חומר ניקוי

продавачица

מוכרת

благајна

קופה

благајник

קופאי

листа за куповину

רשימת קניות

време рада

שעות פתיחה

новчаник

ארנק

кредитна картица

כרטיס אשראי

торба

תיק

пластична кеса

שקית ניילון

вода

מים

сок

מיץ

млеко

חלב

кола

קולה

вино

יין

пиво

בירה

алкохол

אלכוהול

какао

קקאו

чај

תה

кава

קפה

еспресо

אספרסו

капућино

קפוצ'ינו

банана

בננה

јабука

תפוח

наранџа

תפוז

лубеница

אבטיח

лимун

לימון

шаргарепа

גזר

бели лук

שום

бамбус

במבוק

лук

בצל

гљива

פטריות

орашасти плодови

אגוזים

резанци

אטריות

шпагете

ספגטי

рижа

אורז

салата

סלט

помфрит

צ'יפס

печени крумпир

צ'יפס

пица

פיצה

хамбургер

המבורגר

сендвич

כריך

шницла

שניצל

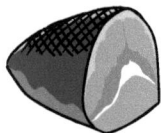

шунка

שינקין

салама

סלאמי

кобасица

נקניקיה

кокош

עוף

печење

טיגון

риба

דג

зобене пахуљице

שיבולת שועל

мусли

מוזלי

кукурузне пахуљице

קורנפלקס

брашно

קמח

кроасан

קרואסון

пециво

לחמנייה

хлеб

לחם

тоаст

טוסט

кекси

עוגיות

маслац

חמאה

свежи сир

גבינה לבנה

колач

עוגה

jaje

ביצה

jaje на око

ביצת עין

сир

גבינה

сладолед

גלידה

шећер

סוכר

мед

דבש

мармелада

ריבה

нугат крема

ממרח נוגט

кари

קארי

сеоска кућа
בית חווה

бале сена
חבילת שחת

амбар
אסם

поље
שדה

коњ
סוס

приколица
עגלת נגרר

трактор
טרקטור

ждребе
סייח

магарац
חמור

лане
טלה

овца
כבש

коза
עז

крава
פרה

теле
עגל

свиња
חזיר

прасе
חזרזיר

бик
שור

гуска

אווז

патка

ברווז

пилићи

אפרוח

кокош

תרנגולת

петао

תרנגול

пацов

חולדה

мачка

חתול

миш

עכבר

вол

שור

пас

כלב

кућица за пса

מלונה

вртно црево

צינור השקיה

канта за поливање

קנקן מים

коса

חרמש

плуг

מחרשה

срп

מגל

мотика

מגרפה

виљушка за ђубриво

קלשון

секира

גרזן

тачке

מריצה

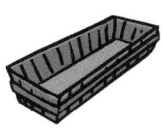

корито

שוקת

посуда за млеко

כד חלב

врећа

שק

ограда

גדר

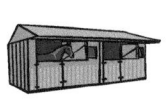

штала

אורווה

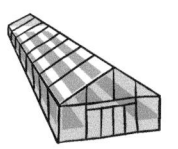

стакленик

חממה

земља

אדמה

семе

זרע

ђубриво

דשן

комбајн

מקצרה

жети
....
קצר

жетва
....
קציר

jамс зачин
....
בטטה אפריקנית

пшеница
....
חיטה

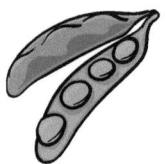

соja
....
סויה

крумпир
....
תפוח אדמה

кукуруз
....
תירס

уљана репица
....
קנולה

воћка
....
עץ פירות

гомољ маниоке
....
קסבה

житарице
....
דגנים

кућа

בית

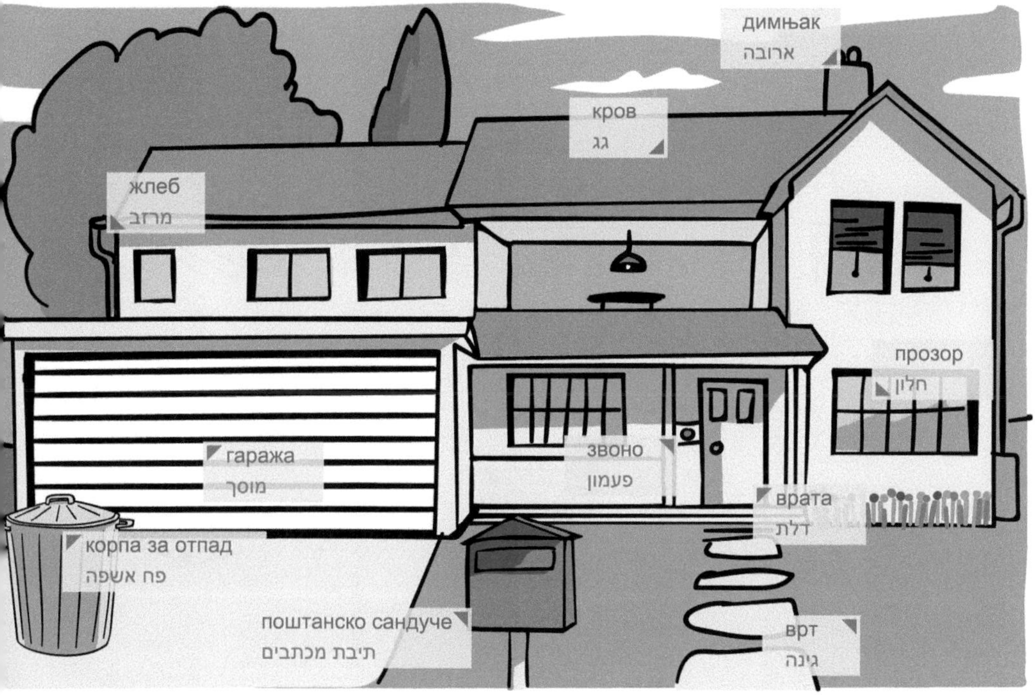

димњак
ארובה
кров
גג
жлеб
מרזב
прозор
חלון
звоно
פעמון
гаража
מוסך
врата
דלת
корпа за отпад
פח אשפה
поштанско сандуче
תיבת מכתבים
врт
גינה

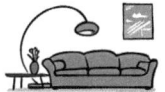

дневна соба

סלון

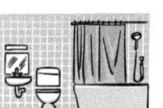

купаоница

חדר אמבטיה

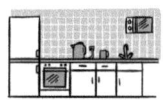

кухиња

מטבח

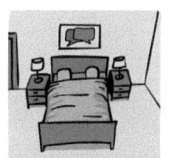

спаваћа соба

חדר שינה

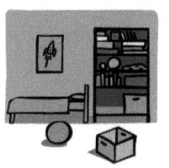

дечија соба

חדר ילדים

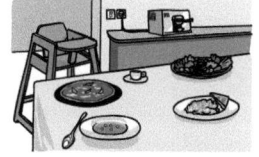

трпезарија

חדר אוכל

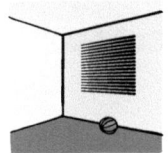

под

רצפה

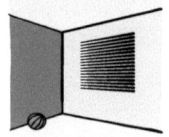

зид

קיר

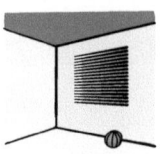

строп

תקרה

подрум

מרתף

сауна

סאונה

балкон

מרפסת

тераса

מרפסת

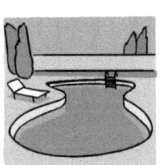

базен

בריכה

косилица за траву

מכסחת דשא

постељина за кревет

סדין

дека за кревет

כיסוי מיטה

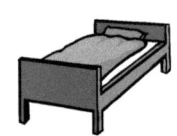

кревет

מיטה

метла

מטאטא

канта

דלי

прекидач

מפסק

дневна соба
סלון

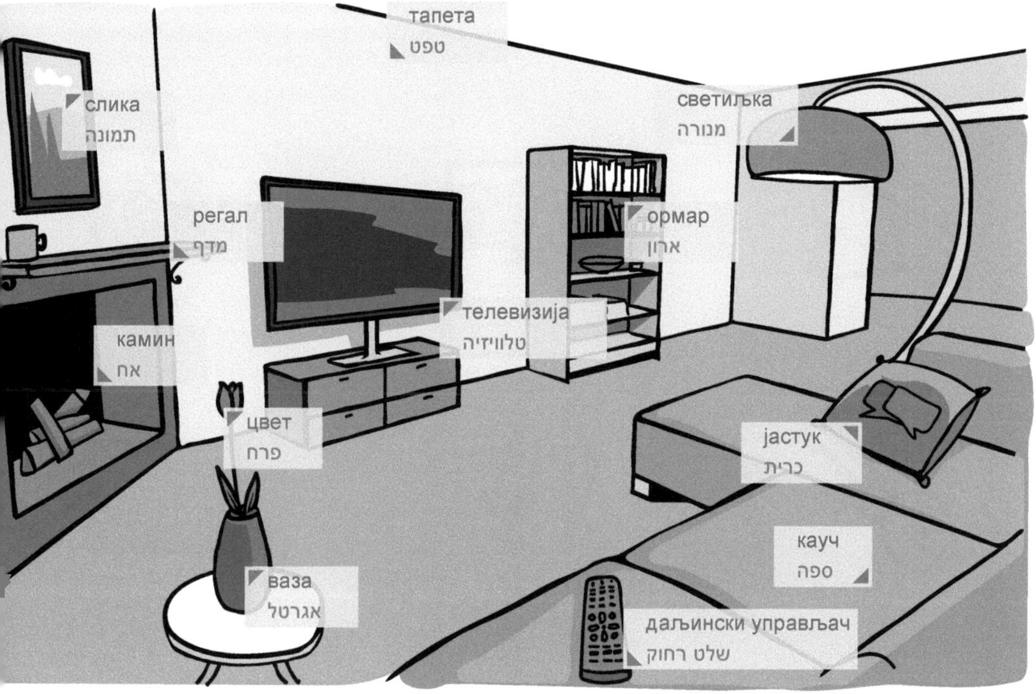
тапета
טפט
слика
תמונה
светиљка
מנורה
регал
מדף
ормар
ארון
телевизија
טלוויזיה
камин
אח
цвет
פרח
јастук
כרית
кауч
ספה
ваза
אגרטל
даљински управљач
שלט רחוק

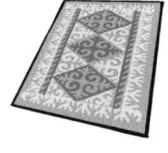

тепих

שטיח

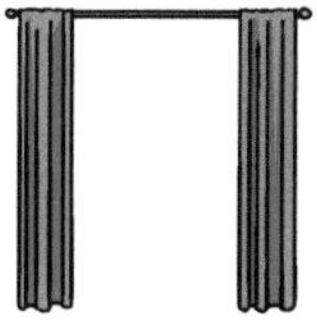

завеса

וילון

сто

שולחן

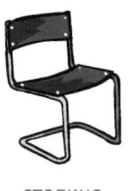

столица

כסא

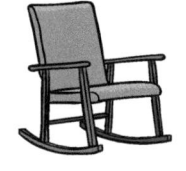

столица за њихање

כיסא נדנדה

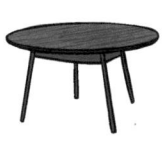

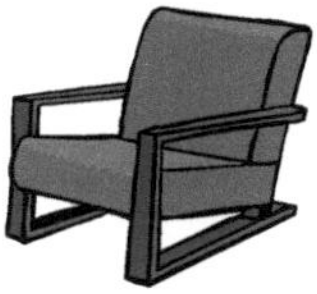

фотеља

כורסה

књига

ספר

дека

שמיכה

декорација

דקורציה

дрво за огрев

עצי הסקה

филм

סרט

хи-фи уређај

מערכת סטריאו

кључ

מפתח

новине

עיתון

слика на платну

ציור

постер

פוסטר

радио

רדיו

блок за писање

מחברת

усисивач

שואב אבק

кактус

קקטוס

свећа

נר

кухиња
מטבח

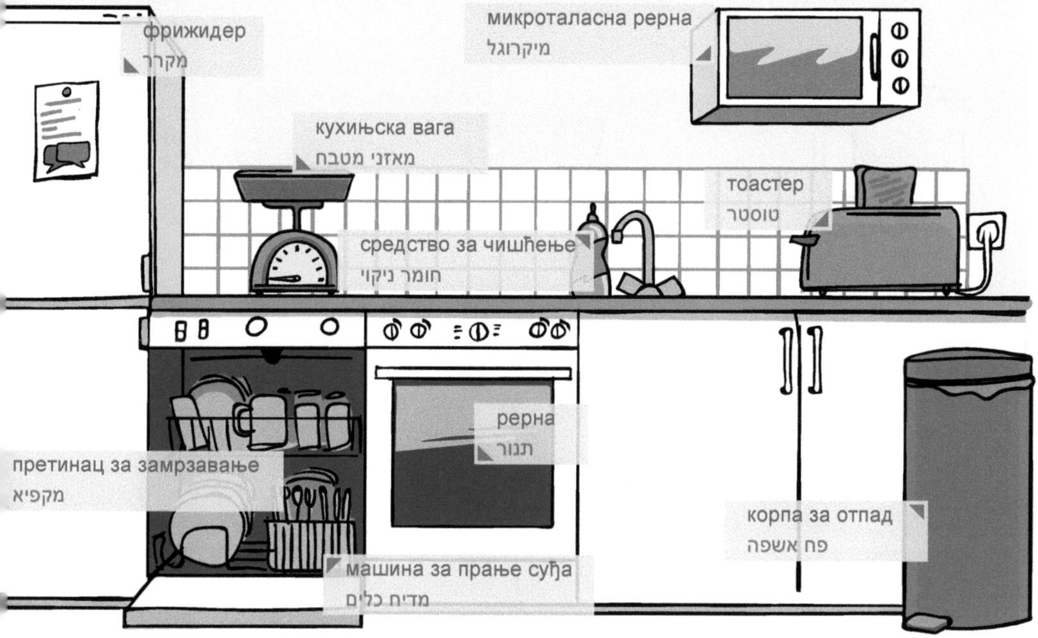

фрижидер
מקרר
микроталасна рерна
מיקרוגל
кухињска вага
מאזני מטבח
тоастер
טוסטר
средство за чишћење
חומר ניקוי
рерна
תנור
претинац за замрзавање
מקפיא
корпа за отпад
פח אשפה
машина за прање суђа
מדיח כלים

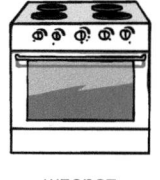

шпорет

תנור

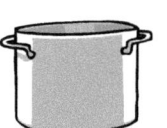

лонац

סיר

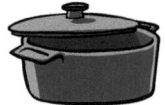

гвоздени лонац

סיר ברזל

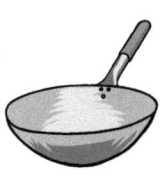

вок / кадаи

ווק

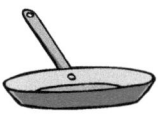

тава

מחבת

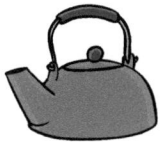

кувало за воду

קומקום חשמלי

кувало на пару

מאדה

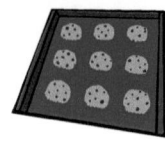

лим за печење

מגש אפייה

посуђе

כלי אוכל

чаша

ספל

посуда

קערה

штапићи за јело

צ'ופסטיקס

кутлача

מצקת

лопатица

מרית

пењача

מטרפה

сито за кување

מסננת בישול

сито

מסננת

рибеж

מגרדת

мужар

מכתש

роштиљ

גריל

огњиште

מדורה

даска

קרש חיתוך

оклагија

מערוך

вадичеп

פותחן פקקים

конзерва

פחית

отварач конзерви

פותחן קופסאות

крпа за лонац

מטלית

судопер

כיור

четка

מברשת

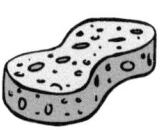

сунђер

ספוג

миксер

בלנדר

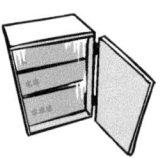

замрзивач

מקפיא

флашица за бебе

בקבוק לתינוק

славина за воду

ברז

купаоница

חדר אמבטיה

туш
מקלחת
грејање
חימום
пешкир
מגבת
завеса за туш
וילון מקלחת
пенушава купка
אמבטיית קצף
када
אמבטיה
чаша
כוס
машина за прање веша
מכונת כביסה
славина за воду
ברז
плочице
אריחים
тута
סיר לילה
судопер
כיור

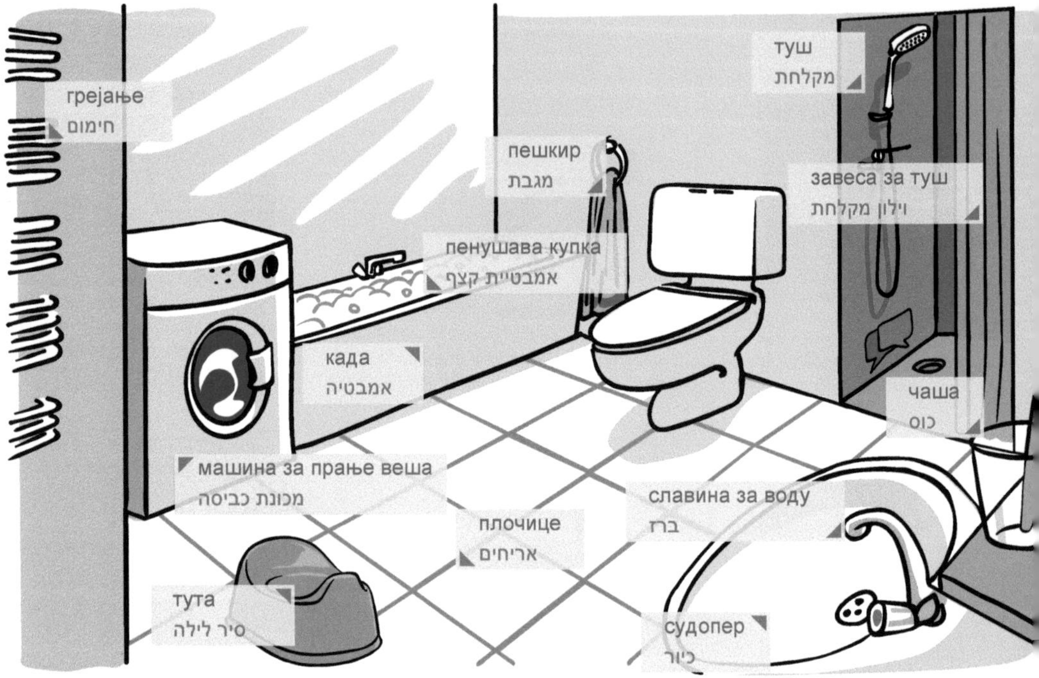

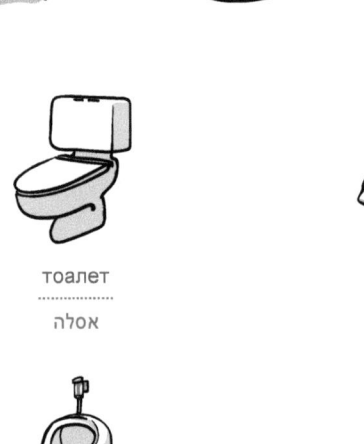

тоалет

אסלה

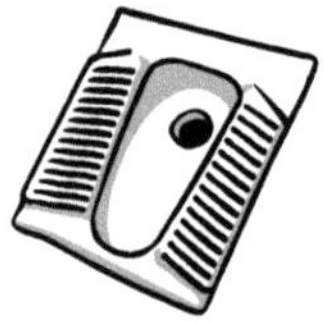

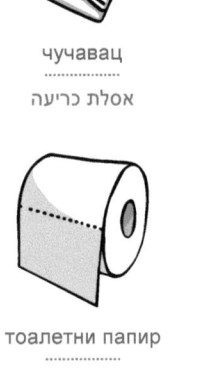

чучавац

אסלת כריעה

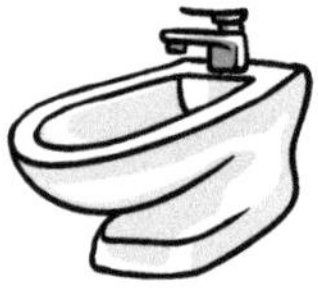

бидет

בידה

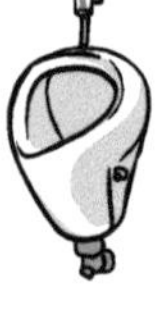

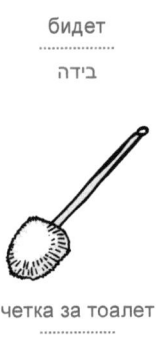

писоар

משתנה

тоалетни папир

נייר טואלט

четка за тоалет

מברשת אסלה

четкица за зубе

מברשת שיניים

паста за зубе

משחת שיניים

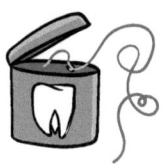

конац за зубе

חוט דנטלי

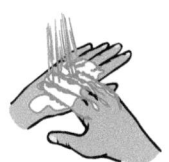

прати

שטף

туш ручица

מקלחת יד

туш за прање интимних делова

צינור שטיפה לשירותים

лавор

קערת רחצה

четка за прање леђа

מברשת גב

сапун

סבון

гел за туширање

ג'ל רחצה

шампон

שמפו

крпа за прање

ליפה

одвод

ניקוז

крема

קרם

дезодоранс

דיאודורנט

огледало

מראה

козметичко огледало

מראת יד

бријач

סכין גילוח

пена за бријање

קצף גילוח

лосион за после бријања

אפטרשייב

чешаљ

מסרק

четка

מברשת

фен за косу

מייבש שיער

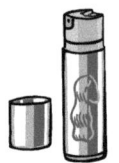

спреј за косу

ספריי לשיער

шминка

איפור

руж за усне

שפתון

лак за нокте

לק

вата

צמר גפן

маказе за нокте

מספריים לציפורניים

парфем

בושם

козметичка торбица

תיק כלי רחצה

столица

שרפרף

вага

משקל

огртач

חלוק רחצה

рукавице за чишћење

כפפות גומי

тампон

טמפון

уложак

תחבושת סניטרית

хемијски тоалет

שירותים כימיקליים

дечија соба

חדר ילדים

будилник
שעון מעורר
плишана играчка
צעצוע חיבוק
ауто играчка
מכונית צעצוע
звечка
רעשן
кућица за лутке
בית בובות
поклон
מתנה

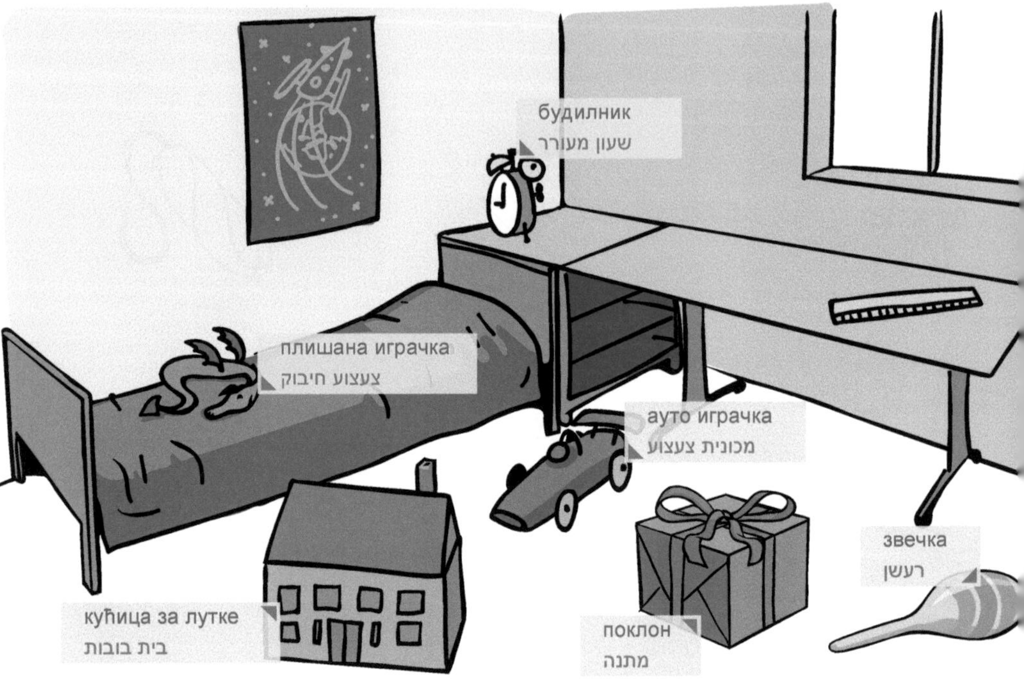

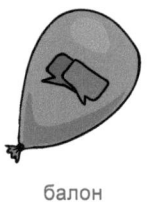

балон

בלון

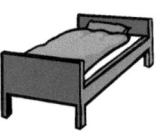

кревет

מיטה

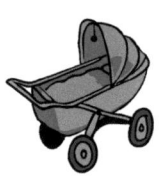

дјечија колица

עגלה

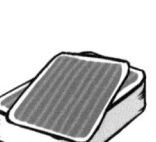

игра са картама

משחק קלפים

слагалица

פאזל

SUPER
MEGA

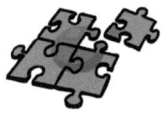

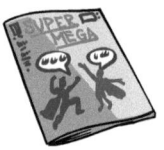

стрип

קומיקס

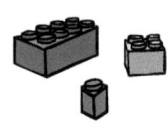

лего коцкице

לגו

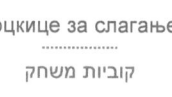

коцкице за слагање

קוביות משחק

акциони јунак

דמות משחק

бенкица за бебе

סרבל תינוקות

фризби

פריזבי

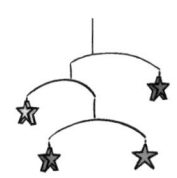

висеће играчке

נייד

друштвене игре

משחק לוח

коцка

קוביה

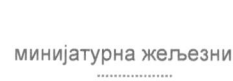

минијатурна жељезница

רכבת צעצוע

дуда

מוצץ

забава

מסיבה

сликовница

אלבום תמונות

лопта

כדור

лутка

בובה

играти

שיחק

пешчаник

ארגז חול

љуљачка

נדנדה

играчка

צעצועים

конзола за игре

קונסולת משחקים

трицикл

אופניים תלת גלגלי

теди

דובון

ормар

ארון בגדים

одећа

בגדים

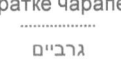

кратке чарапе

גרביים

чарапе

גרביונים

хулахопке

גרביון

шал
צעיף

кишобран
מטריה

мајица
חולצת טי

каиш
חגורה

чизме
מגפיים

папуче
נעלי בית

патике
נעלי ספורט

сандале
סנדלים

ципеле
נעליים

гумене чизме
מגפי גומי

гаћице
תחתונים

грудњак
חזייה

поткошуља
גופייה

боди

גוף

панталоне

מכנסיים

фармерке

ג'ינס

сукња

חצאית

блуза

חולצה מכופתרת

кошуља

חולצה

џемпер

אפודה

џемпер с капуљачом

סוודר עם קפוצ'ון

сако

בלייזר

jакна

ז'קט

мантил

מעיל

кабаница

מעיל גשם

костим

תלבושת

хаљина

שמלה

венчаница

שמלת כלה

одећа - בגדים

одело

חליפה

спаваћица

כותונת לילה

пиџама

פיג'מה

сари

סארי

марама за главу

מטפחת ראש

турбан

טורבן

бурка

בורקה

кафтан

קאפטן

абаја

עבאיה

купаћи костим

בגד ים

купаће гаћице

בגד ים

кратке панталоне

מכנסיים קצרים

одећа за тренинг

בגד אימון

кецеља

סינר

рукавице

כפפות

дугме

כפתור

наочаре

משקפיים

наруквица

צמיד יד

огрлица

שרשרת

прстен

טבעת

наушница

עגיל

капа

כובע

вешалица

קולב

шешир

כובע

кравата

עניבה

патент затварач

רוכסן

кацига

קסדה

нараменице

כתפיות

школска униформа

תלבושת בית ספר

униформа

מדים

подбрадак

מפית אוכל

дуда

מוצץ

пелена

חיתול

канцеларија
משרד

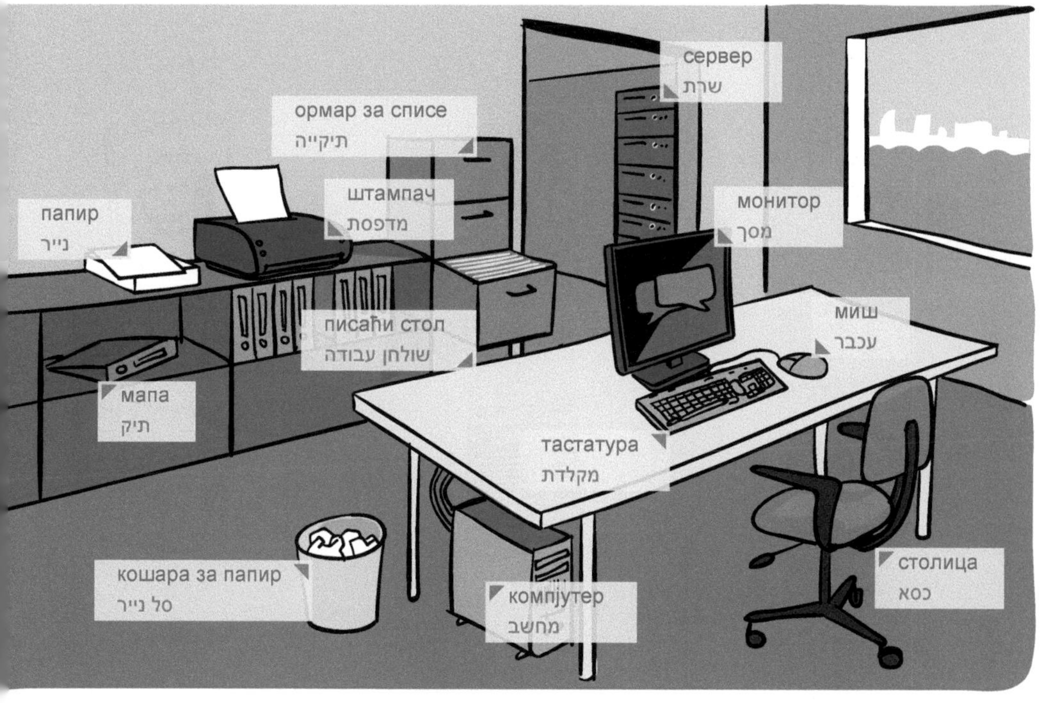

סרבר

שרת

ормар за списе
תיקייה

монитор
מסך

папир
נייר

штампач
מדפסת

миш
עכבר

писаћи стол
שולחן עבודה

мапа
תיק

тастатура
מקלדת

кошара за папир
סל נייר

столица
כסא

компјутер
מחשב

шалица за каву

ספל קפה

калкулатор

מחשבון

интернет

אינטרנט

лаптоп

מחשב נייד

писмо

מכתב

порука

הודעה

мобилни телефон

נייד

мрежа

רשת

уређај за копирање

מכונת צילום

софтвер

תוכנה

телефон

טלפון

утичница

שקע

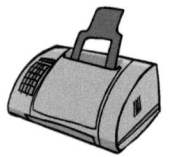

факс

פקס

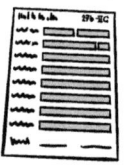

формулар

טופס

документ

מסמך

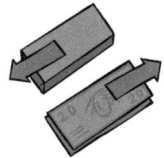

куповати

קנה

платити

שילם

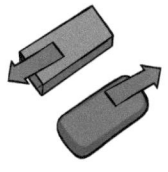

трговати

סחר

новац

כסף

 **USD**

долар

דולר

 **EUR**

евро

יורו

 **JPY**

јен

יין

 **RUB**

рубља

רובל

 **CHF**

швајцарски франак

פרנק שוויצרי

 **CNY**

ренминдби јуан

יואן רנמינבי

 **INR**

рупија

רופי

аутомат за новац

כספומט

мењачница

המרת מטבע

злато

זהב

сребро

כסף

нафта

נפט

енергија

אנרגיה

цена

מחיר

уговор

חוזה

порез

מס

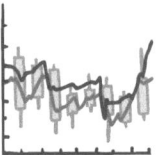

деонице

מנייה

радити

עבד

службеник

עובד

послодавац

מעסיק

фабрика

מפעל

продавница

חנות

занимања

מקצועות

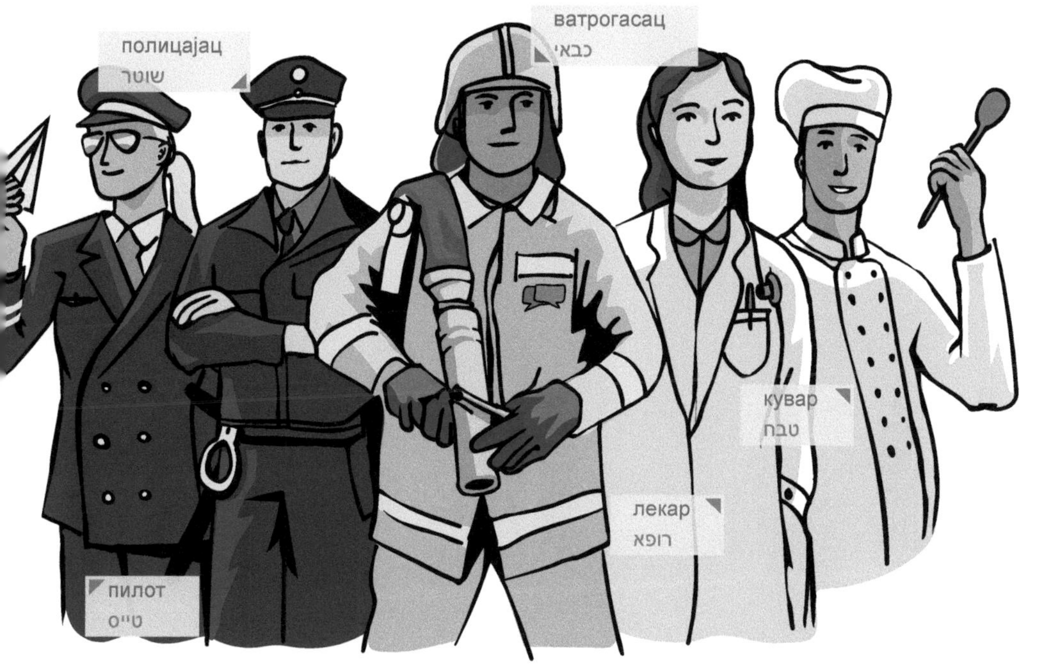
полицајац
שוטר
ватрогасац
כבאי
кувар
טבח
лекар
רופא
пилот
טייס

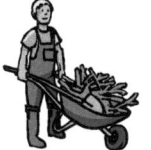

вртлар

גנן

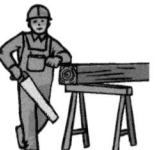

столар

נגר

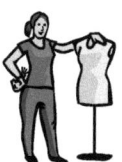

кројачица

תופרת

судија

שופט

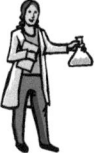

хемичар

כימאי

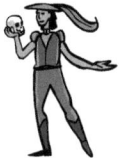

глумац

שחקן

возач аутобуса

נהג אוטובוס

возач таксија

נהג מונית

рибар

דייג

чистачица

עובדת נקיון

кровопокривач

מתקן גגות

конобар

מלצר

ловац

צייד

сликар

צייר

пекар

אופה

електричар

חשמלאי

грађевински радник

עובד בניין

инжењер

מהנדס

месар

קצב

лимар

אינסטלטור

поштар

דוור

војник

חייל

архитекта

אדריכל

благајник

קופאי

цвећар

מוכר פרחים

фризер

ספר

кондуктер

כרטיסן

механичар

מכונאי

капетан

קברניט

зубар

רופא שיניים

научник

מדען

раби

רב

имам

אימאם

монах

נזיר

свећеник

כומר

алати

כלי עבודה

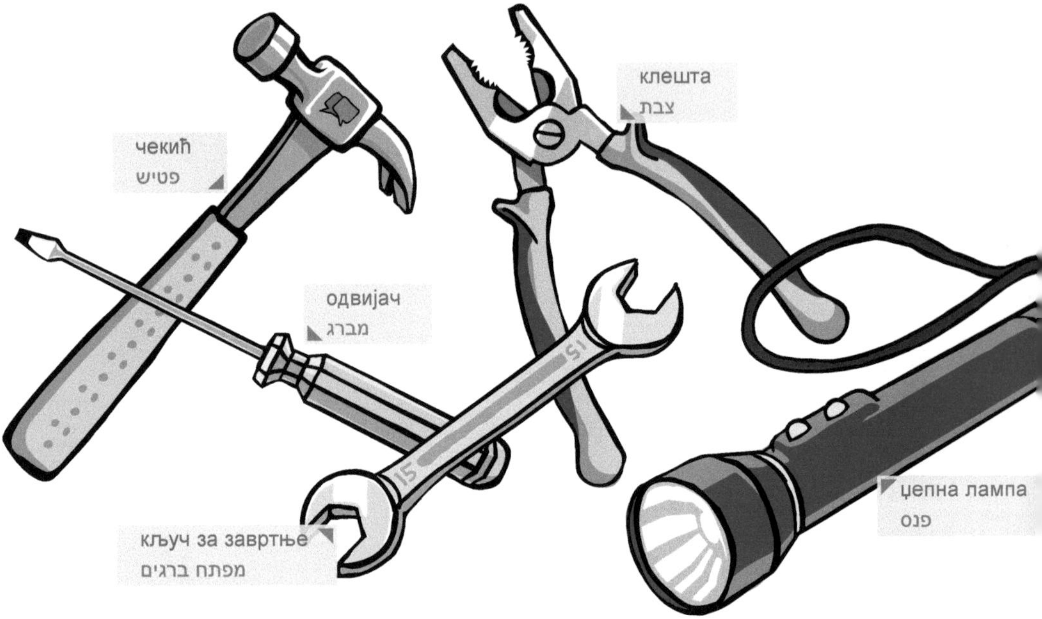
клешта
צבת
чекић
פטיש
одвијач
מברג
ципна лампа
פנס
кључ за завртње
מפתח ברגים

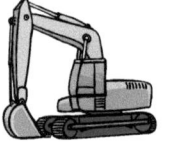

багер

דחפור

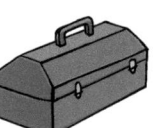

кутија за алат

ארגז כלים

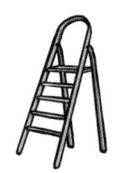

мердевине

סולם

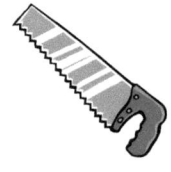

пила

מסור

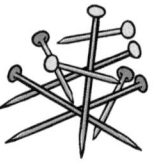

ексер

מסמרים

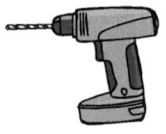

бушилица

מקדחה

поправити

תיקון

лопата

את חפירה

до ђавола!

לעזאזל!

лопатица

יעה

лонац за боју

פח צבע

завртањи

ברגים

музички инструмент

כלי נגינה

звучник
רמקול

бубњеви
מערכת תופים

гитара
גיטרה

контрабас
קונטראבס

труба
חצוצרה

клавир

פסנתר

виолина

כינור

бас

בס

тимпани

תוף הדוד

удараљке за бубњеве

תופים

типке клавира

מקלדת פסנתר

саксофон

סקסופון

флаута

חליל

микрофон

מיקרופון

зоолошки врт

גן חיות

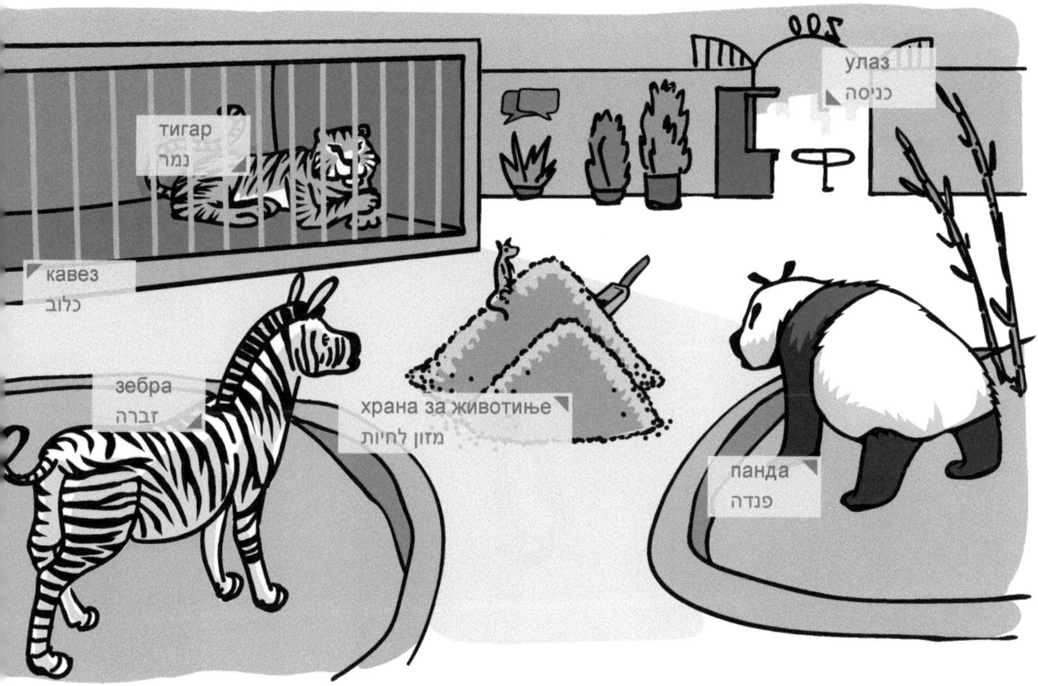

улаз
כניסה
тигар
נמר
кавез
כלוב
зебра
זברה
храна за животиње
מזון לחיות
панда
פנדה

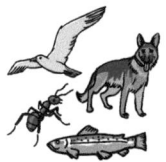

животиње

בעלי חיים

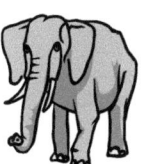

слон

פיל

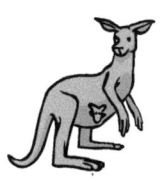

кенгур

קנגרו

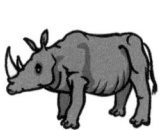

носорог

קרנף

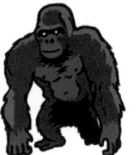

горила

גורילה

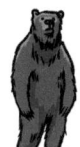

медвед

דוב

камила

גמל

нoj

יען

мajмун

קוף

фламинго

פלמינגו

поларни медвед

דוב הקרח

пингвин

פינגווין

лав

אריה

папагaj

תוכי

ajкула

כריש

паун

טווס

змиja

נחש

крокодил

תנין

чувар у зоолошком врту

שומר גן החיות

туљан

כלב ים

jaгуар

יגואר

пони

סוס פוני

леопард

לאופרד

нилски коњ

היפופוטאם

жирафа

ג'ירפה

орао

נשר

дивља свиња

חזיר בר

риба

דג

корњача

צב

морж

סוס ים

лисица

שועל

газела

איילה

американски ногомет
פוטבול אמריקאי

бициклизам
רכיבת אופניים

тенис
טניס

кошарка
כדורסל

пливање
שחיה

бокс
אגרוף

хокеј на леду
הוקי

фудбал
כדורגל

бадминтон
בדמינטון

атлетика
אתלטיקה

ракомет
כדור-יד

скијање
עשה סקי

поло
פולו

активности
פעילויות

смејати се
צחק
скочити
קפץ
загрлити
חיבק
ићи
הלך
певати
שר
сањати
חלם
молити се
התפלל
пољубити
נשק

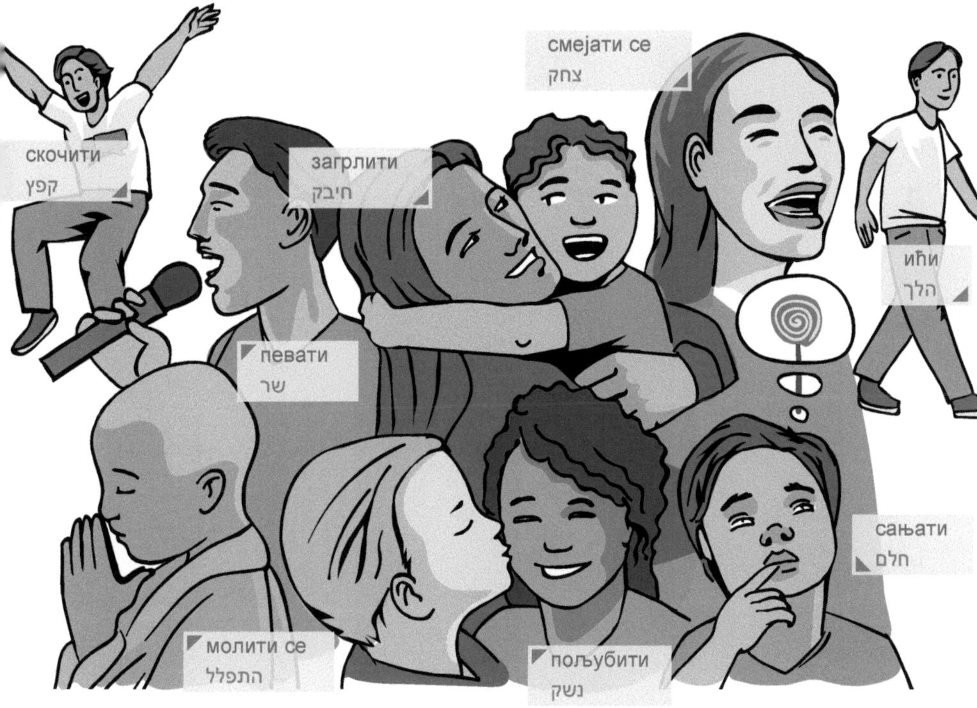

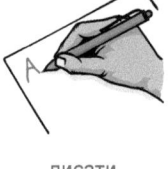

писати

כתב

цртати

צייר

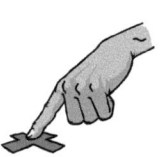

показати

הראה

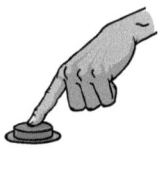

гурати

דחף

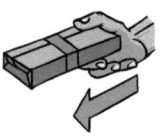

дати

נתן

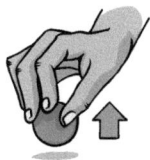

узети

לקח

имати

יש / להיות הבעלים

чинити

עשה

бити

היה

стојати

עמד

трчати

רץ

повлачити

משך

бацити

זרק

падати

נפל

лежати

שכב

чекати

חיכה

носити

סחב

седити

ישב

облачити

התלבש

спавати

ישן

пробудити се

התעורר

гледати

הסתכל ב-

плакати

בכה

миловати

ליטף

чешљати

סירק

говорити

דיבר

разумети

הבין

питати

שאל

слушати

שמע

пити

שתה

јести

אכל

поспремити

סידר

волети

אהב

кухати

בישל

возити

נהג

летети

עף

пловити

שט

рачунати

חישב

читати

קרא

учити

למד

радити

עבד

венчати се

התחתן

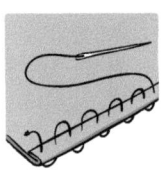

шити

תפר

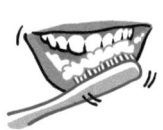

прати зубе

ציחצח שיניים

убити

הרג

пушити

עישן

послати

שלח

породица

משפחה

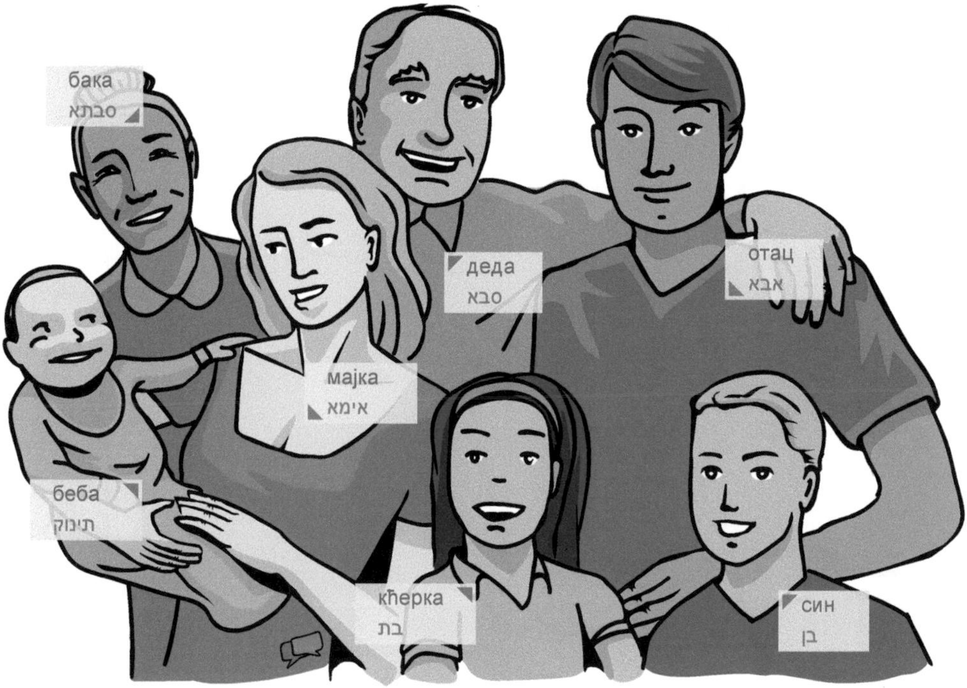

бака
סבתא
деда
סבא
отац
אבא
мајка
אימא
беба
תינוק
кћерка
בת
син
בן

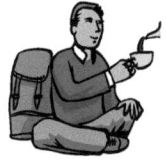

гост

אורח

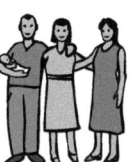

тетка

דודה

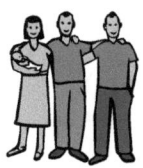

ујак, стриц

דוד

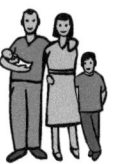

брат

אח

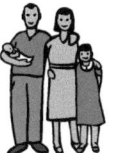

сестра

אחות

тело

גוף

чело
מצח
око
עין
раме
כתף
прст
אצבע
лице
פנים
брада
סנטר
рука
כף יד
груди
חזה
нога
רגל
рука
זרוע

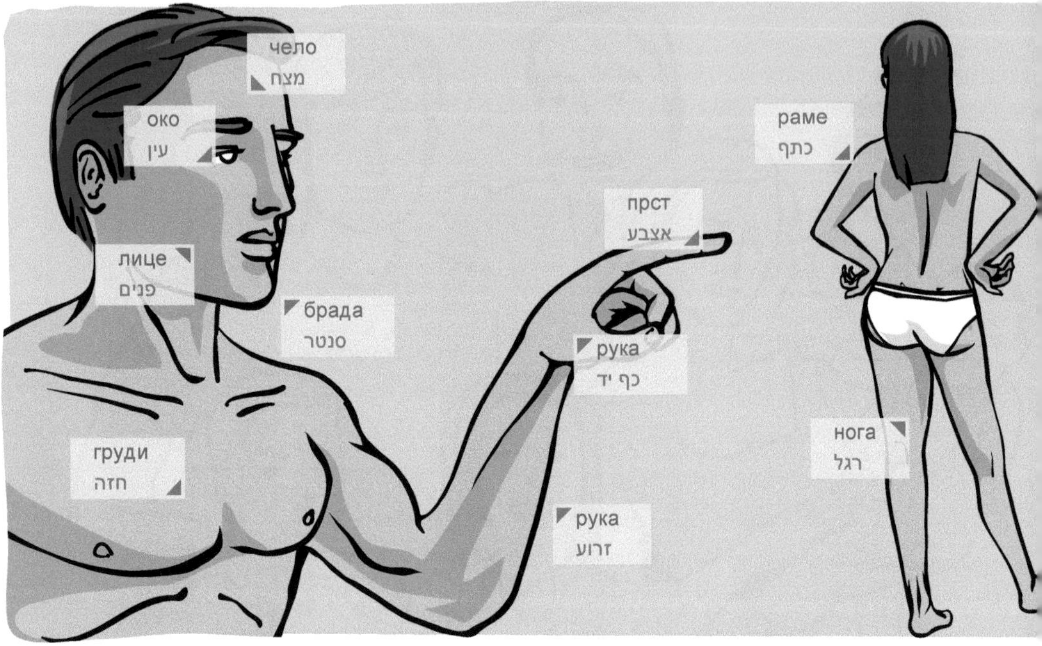

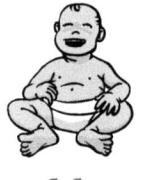

беба

תינוק

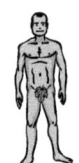

мушкарац

איש

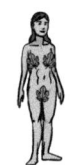

жена

אישה

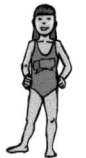

девојчица

ילדה

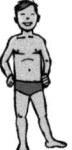

дечак

ילד

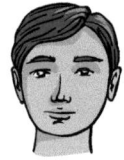

глава

ראש

леђа

גב

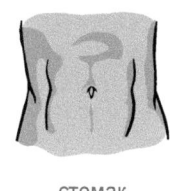

стомак

בטן

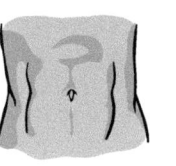

пупак

טבור

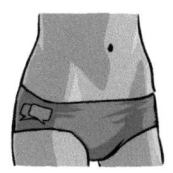

ножни прст

אצבע

пета

עקב

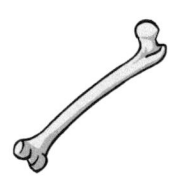

кост

עצם

кукови

ירך

колено

ברך

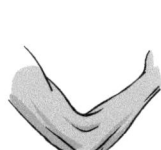

лакат

מרפק

нос

אף

задњица

עכוז

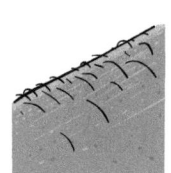

кожа

עור

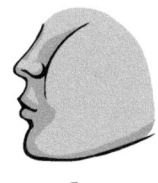

образ

לחי

уво

אוזן

усна

שפתיים

уста

פה

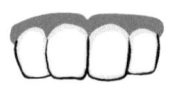

зуб

שן

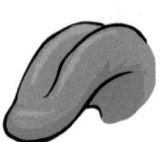

језик

לשון

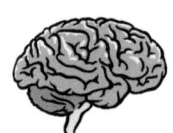

мозак

מוח

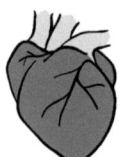

срце

לב

мишић

שריר

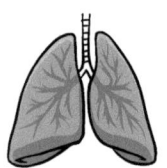

плућа

ריאה

јетра

כבד

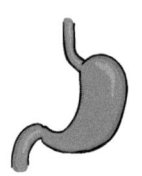

желудац

קיבה

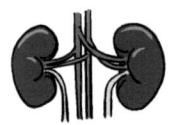

бубрези

כליות

полни однос

מין

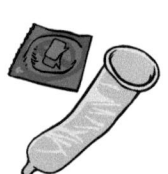

кондом

קונדום

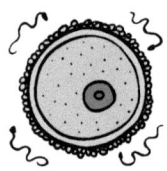

јајна ћелија

ביצית

сперма

זרע

трудноћа

הריון

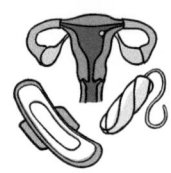

менструација

תווסת

вагина

נרתיק

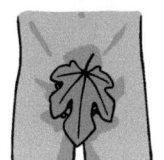

пенис

פין

обрва

גבה

коса

שיער

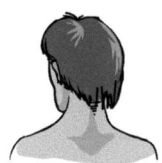

врат

צוואר

болница

בית חולים

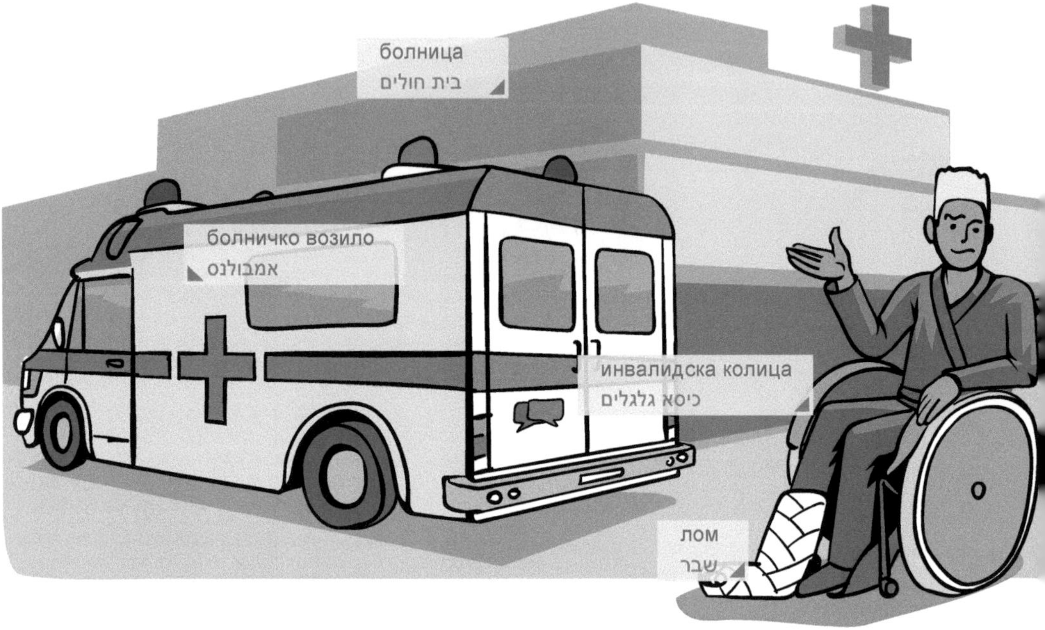

болница
בית חולים
болничко возило
אמבולנס
инвалидска колица
כיסא גלגלים
лом
שבר

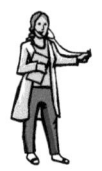

лекар

רופא

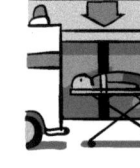

хитна медицинска служба

חדר מיון

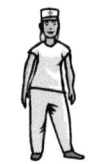

медицинска сестра

אחות

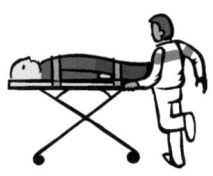

хитни случај

חירום

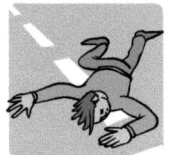

несвест

חסר הכרה

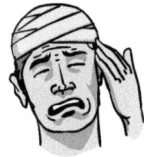

бол

כאב

повреда

פציעה

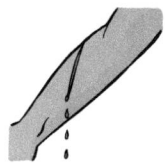

крварење

דימום

срчани удар

התקף לב

удар

שבץ

алергија

אלרגיה

кашаљ

שיעול

грозница

חום

грипа

שפעת

пролив

שלשול

главобоља

כאב ראש

рак

סרטן

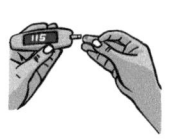

дијабетес

סוכרת

хирург

מנתח

скалпел

אזמל

операција

ניתוח

цт

סי-טי

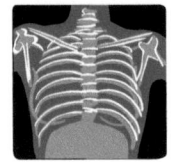

рентген

רנטגן

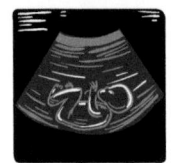

ултразвук

אולטרסאונד

маска

מסיכת פנים

болест

מחלה

чекаона

חדר המתנה

штака

קבה

фластер

פלסטר

завој

תחבושת

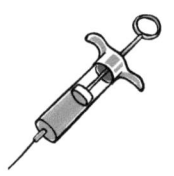

ињекција

זריקה

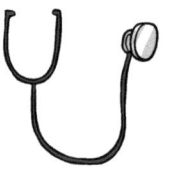

стетоскоп

סטטוסקופ

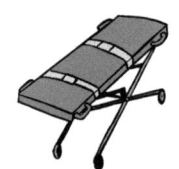

носила

אלונקה

термометар

מד חום

рођење

לידה

прекомерна тежина

עודף משקל

слушни апарат

מכשיר שמיעה

средство за дезинфекцију

מחטא

инфекција

זיהום

вирус

נגיף

хив / аидс

איידס

медицина

תרופה

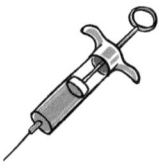

вакцинација

חיסון

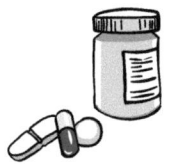

таблете

טבליות

пилула

גלולה

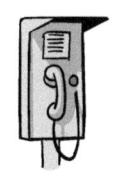

хитни позив

קריאת חירום

уређај за мерење притиска

מד לחץ דם

болесно / здраво

חולה / בריא

помоћ!

הצילו!

аларм

אזעקה

насртај

פשיטה

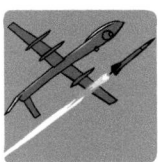

напад

תקיפה

опасност

סכנה

излаз у случају нужде

יציאת חירום

пожар!

אש!

противпожарни апарат

מטף כיבוי

незгода

תאונה

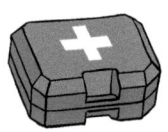

кутија прве помоћи

ערכת עזרה ראשונה

сос

הצילו!

полиција

משטרה

Европа

אירופה

Северна Америка

צפון אמריקה

Јужна Америка

דרום אמריקה

Африка

אפריקה

Азија

אסיה

Аустралија

אוסטרליה

Атлантик

האוקיינוס האטלנטי

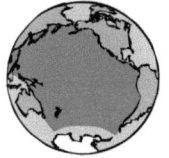

Пацифик

האוקיינוס השקט

Индијски океан

האוקיינוס ההודי

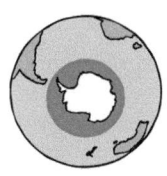

Антарктички океан

האוקיינוס האנטרקטי

Арктички океан

האוקיינוס הארקטי

Северни рол

הקוטב הצפוני

Јужни рол

הקוטב הדרומי

Антарктик

אנטארקטיקה

земља

כדור הארץ

земља

אדמה

море

ים

оток

אי

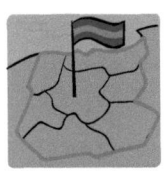

нација

לאום

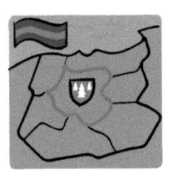

држава

מדינה

бројчаник сата

פני השעון

сатна казаљка

מחוג השעות

минутна казаљка

מחוג הדקות

секундна казаљка

מחוג השניות

Колико је сати?

מה השעה?

дан

יום

време

זמן

сада

עכשיו

дигитални сат

שעון דיגיטלי

минута

דקה

час

שעה

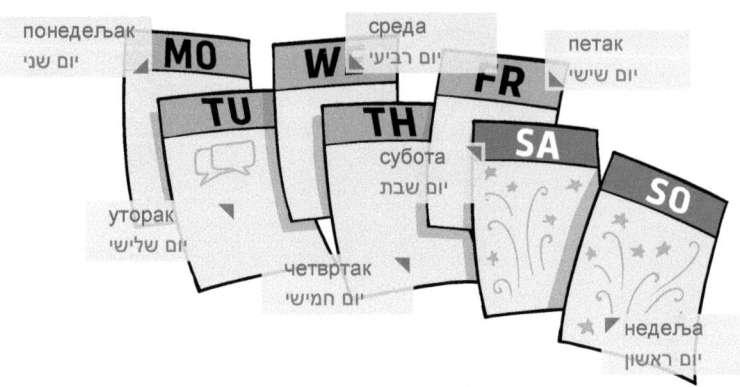

понедељак — יום שני
среда — יום רביעי
петак — יום שישי
MO · W · FR
TU · TH · SA · SO
уторак — יום שלישי
субота — יום שבת
четвртак — יום חמישי
недеља — יום ראשון

jуче

אתמול

данас

היום

сутра

מחר

jутро

בוקר

подне

צהריים

вече

ערב

MO	TU	WE	TH	FR	SA	SU
1	2	3	4	5	6	7
8	9	10	11	12	13	14
15	16	17	18	19	20	21
22	23	24	25	26	27	28
29	30	31	1	2	3	4

радни дани

ימי עבודה

MO	TU	WE	TH	FR	SA	SU
1	2	3	4	5	6	7
8	9	10	11	12	13	14
15	16	17	18	19	20	21
22	23	24	25	26	27	28
29	30	31	1	2	3	4

викенд

סוף שבוע

година

שנה

киша
גשם
дуга
קשת בענן
ветар
רוח
снег
שלג
пролеће
אביב
лето
קיץ
јесен
סתיו
зима
חורף

4.APRIL 11°
5.APRIL 4°
6.APRIL 13°
7.APRIL 8°
8.APRIL 10°

етеоролошка прогноза

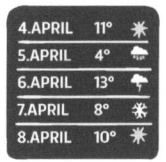

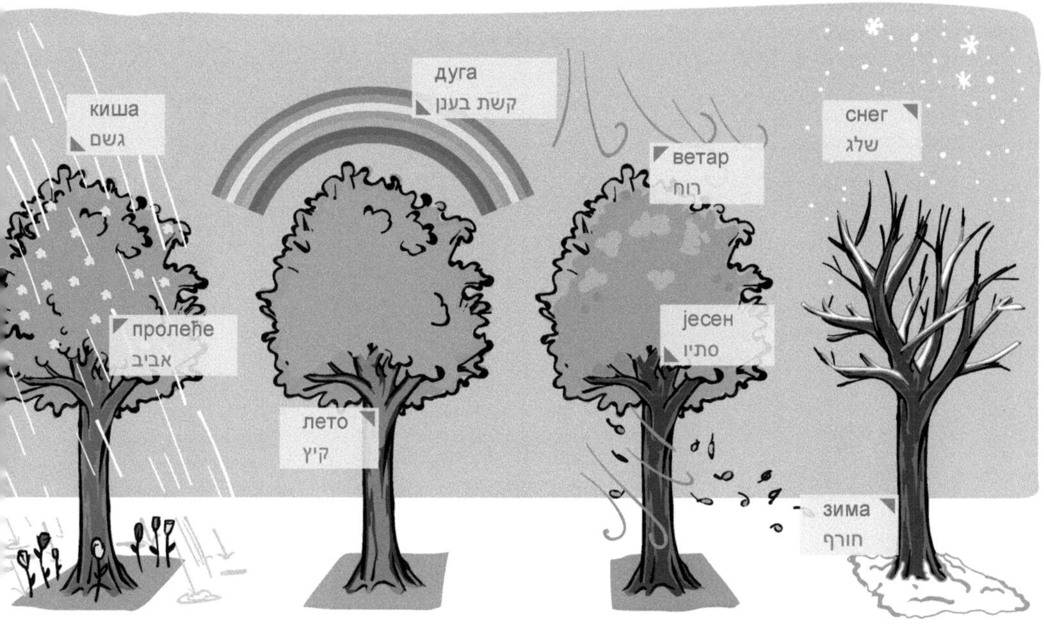

תחזית מזג האוויר

F C
120 90 60 30 0 -30
40 30 20 10 0 -10 -20

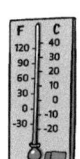

термометар

מד חום

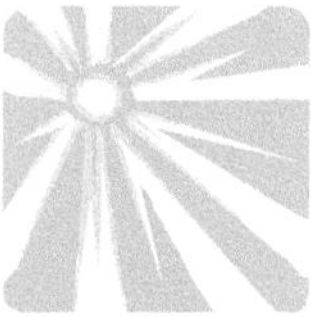

сунчана светлост

אור שמש

облак

ענן

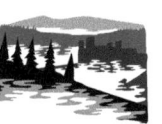

магла

ערפל

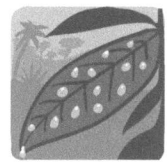

влажност ваздуха

לחות

муња

ברק

грмљавина

רעם

олуја

סערה

туча

ברד

монсун

רוח עונתי

поплава

שיטפון

лед

קרח

јануар

ינואר

фебруар

פברואר

март

מרץ

април

אפריל

мај

מאי

јуни

יוני

јули

יולי

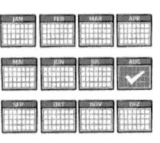

август

אוגוסט

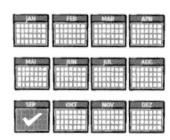

септембар
....
ספטמבר

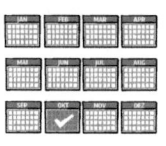

октобар
....
אוקטובר

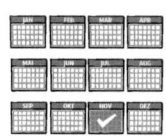

новембар
....
נובמבר

децембар
....
דצמבר

облици

צורות

круг
....
עיגול

квадрат
....
מרובע

правоугао
....
מלבן

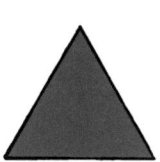

троугао
....
משולש

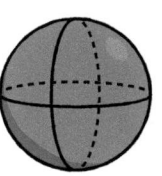

кугла
....
כדור

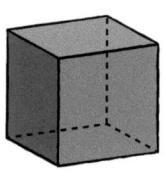

коцка
....
קובייה

бела

לבן

жута

צהוב

наранџаста

כתום

ружичаста

ורוד

црвена

אדום

љубичаста

סגול

плава

כחול

зелена

ירוק

смеђа

חום

сива

אפור

црна

שחור

много / мало

הרבה / מעט

љутито / мирно

כועס / רגוע

лепо / ружно

יפה / מכוער

почетак / крај

התחלה / סוף

велико / малено

גדול / קטן

светло / тамно

בהיר / כהה

брат / сестра

אח / אחות

чисто / прљаво

נקי / מלוכלך

потпуно / непотпуно

שלם / חלקי

дан / ноћ

יום /לילה

мртво / живо

מת / חי

широко / уско

רחב / צר

jestиvo / нejestиvo

אכיל / לא אכיל

зло / добро

רשע / טוב לב

узбуђено / досадно

מתרגש / משועמם

дебело / мршаво

שמן / רזה

на почетку / на крају

ראשון / אחרון

пријатељ / непријатељ

חבר / אויב

пуно / празно

מלא / ריק

тврдо / мекано

קשה / רך

тешко / лагано

כבד / קל

глад / жеђ

רעב / צמא

болесно / здраво

חולה / בריא

илегално / легално

בלתי-חוקי / חוקי

паметно / глупо

נבון / טיפש

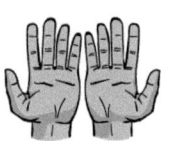

лево / десно

שמאל / ימין

близу / далеко

קרוב / רחוק

ново / половно

חדש / משומש

ништа / нешто

כלום / משהו

старо / младо

זקן / צעיר

укључено / искључено

פעיל / כבוי

отворено / затворено

פתוח / סגור

тихо / гласно

שקט / רועש

богато / сиромашно

עשיר / עני

тачно / погрешно

נכון / שגוי

храпаво / глатко

מחוספס / חלק

тужно / сретно

עצוב / שמח

кратко / дуго

קצר / ארוך

полако / брзо

איטי / מהיר

мокро / сухо

רטוב / יבש

топло / хладно

חם / קר

рат / мир

מלחמה / שלום

супротности - הפכים

0	1	2
нула	један	два
אפס	אחת	שתיים

3	4	5
три	четири	пет
שלוש	ארבע	חמש

6	7	8
шест	седам	осам
שש	שבע	שמונה

9	10	11
девет	десет	једанаест
תשע	עשר	אחת-עשרה

12
дванаест

שתים-עשרה

13
тринаест

שלוש-עשרה

14
четрнаест

ארבע-עשרה

15
петнаест

חמש-עשרה

16
шестнаест

שש-עשרה

17
седамнаест

שבע-עשרה

18
осамнаест

שמונה-עשרה

19
деветнаест

תשע-עשרה

20
двадесет

עשרים

100
стотину

מאה

1.000
хиљаду

אלף

1.000.000
милион

מיליון

енглески

אנגלית

амерички енглески

אנגלית אמריקאית

мандарински кинески

סינית מנדרינית

хиндски

הודית

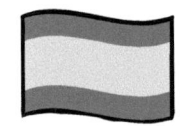

шпански

ספרדית

француски

צרפתית

арапски

ערבית

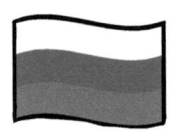

руски

רוסית

португалски

פורטוגזית

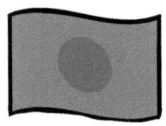

бенгалски

בנגלית

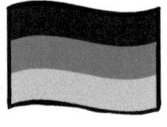

немачки

גרמנית

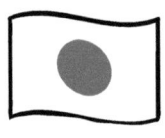

jапански

יפנית

ja

אני

ти

אתה / את

он / она / оно

הוא / היא / זה

ми

אנחנו

ви

אתם

они

הם

Ко?

מי?

Шта?

מה?

Како?

איך?

Где?

איפה?

Када?

מתי?

име

שם

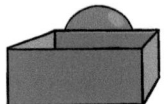

иза
......
מאחור

у
......
בתוך

испред
......
לפני

преко
......
מעל

на
......
על

испод
......
מתחת

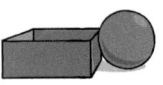

поред
......
ליד

између
......
בין

место
......
מקום